WAS BISHER GESCHAH:

TJA, WO ANFANGEN? ALSO, 1954 WURDEN WIR WELTMEISTER UNTER SEPP HERBERGER. HELMUT SCHÖN MACHTE UNS 1972 ZUM EUROPAMEISTER UND 1974 WIEDER ZUM WELTMEISTER. SOGAR JUPP DERWALL KONNTE 1980 MIT DEM EM-TITEL HEIMKEHREN. UND UNSER ALLER KAISER FRANZ FÜHRTE DIE DEUTSCHE NATIONALMANNSCHAFT 1990 ZUM WELTMEISTERTITEL. DANN KAM BERTI. UND AUCH BERTI VOGTS WUSSTE DIE DEUTSCHE FUSSBALL-SEELE MIT EINER GEWONNENEN EUROPAMEISTERSCHAFT ZU ERFREUEN. ALLES WAR GUT. BIS, JA BIS EIN PAAR MALTESER SICH WEIGERTEN, ZWEI-STELLIG GEGEN BERTIS BUBEN® ZU VERLIEREN. DARAUF WEIGERTE SICH BERTI, WEITER NATIONALTRAINER ZU SEIN – UND OTTO REHHAGEL, ES ZU WERDEN. BEI SO VIEL VERWEIGERUNG KAM DFB-BUDDHA EGIDIUS BRAUN AUF DIE NAHELIEGENDSTE LÖSUNG: WER – AUSSER PAUL BREITNER – KONNTE NOCH NIE NEIN SAGEN? "SIR" ERICH RIBBECK!

UND WAHRLICH, UNSER RIBBI™ STÜRZTE SICH VON SEINEM LIEGESTUHL AUF TENERIFFA DIREKT IN DEN PRESSERUMMEL UM DEN NEUEN TEAMCHEF. BEFÜRCHTUNGEN, DER DEUTSCHE FUSSBALL WERDE NUN ABSTÜRZEN, STELLTE UNSER EGI™ UNSERN ULI™ ENTGEGEN – ALS NATIONALTRAINER AN SIR ERICHS SEITE. DIESES DUO INFERNALE ZOG NUN DURCH DIE STADIEN DER BUNDESLIGA, UM DEN RAHM DER DEUTSCHEN FUSSBALLELITE FÜR DIE EM-QUALIFIKATION ABZUSCHÖPFEN.*
DOCH ALLER ANFANG IST SCHWER. EINEM 0:1 GEGEN DIE TÜRKEI (FLIEGENFÄNGER KAHN) FOLGTE EIN GLANZLOSES 3:1 IN MOLDAWIEN. AUCH DIE SIEGE GEGEN NORDIRLAND (3:0) UND FINNLAND (2:0) WURDEN DURCH KATASTROPHALE FREUNDSCHAFTSSPIELE RELATIVIERT (DIE ERGEBNISSE HAT DAS AUTOREN-KLEINHIRN LÄNGST VERDRÄNGT. DAFÜR VIELEN DANK!).

KÖNNEN AUS "RIBBECKS RACKERN" NOCH FUSSBALLHELDEN WERDEN? KANN SICH SIR ERICH IN DIE RUHMREICHE GALERIE SEINER VORGÄNGER EINREIHEN? UND KANN IN HOLLAND AUSSER KÄSE NOCH WAS ANDERES ROLLEN? FRAGEN ÜBER FRAGEN. EIN BESCHWERLICHER WEG, DEN UNSERE JUNGS NOCH VOR SICH HABEN ...

W0184869

*NACHZULESEN IN "SIR ERICHS BUNDESLIGA-REPORT '99", ROWOHLT, ISBN 3-499-22627-8

WEISST DU, WAS UNS FEHLT, ULI?
JA! EIN NEUES SPÜLMITTEL.
VON DIESEM BEKOMME ICH SPÜLHÄNDE ...
WAS WIR BRAUCHEN SIND SPIELER MIT CHARAKTER!
MIT BISS!
WIR BRAUCHEN MENTAL STARKE SPIELER VOLLER KAMPFKRAFT, LAUF-STARK, KREATIV, SPRITZIG ...
?
MEISTER KLOPPER!
2

UND EIN NEUES SPÜLMITTEL!
?
!
UND EIN NEUES SPÜLMITTEL! MACH DEN NOCHMAL!!

ORIGINALAUSGABE
VERÖFFENTLICHT IM
ROWOHLT TASCHENBUCH VERLAG GMBH,
REINBEK BEI HAMBURG, MAI 2000

UMSCHLAGGESTALTUNG VOLKER SPONHOLZ

GESAMTHERSTELLUNG:
CLAUSEN & BOSSE, LECK
PRINTED IN GERMANY
ISBN 3 499 22764 9

RIBBECKS RACKER

ROWOHLT
rororo

TEXT: LUTZ MATHESDORF
ZEICHNUNGEN: VOLKER SPONHOLZ

DANK AN ANDREA, ROBIN, NICKLAS
UND DAS GLORIOSE TEAM VON
"GLAUBE, LIEBE, HOFFNUNG"

ACH, ULI! SO WERD' ICH NIE TRAINER BEI BAYERN MÜNCHEN. WENN MIR NICHT BALD WAS EINFÄLLT, UND WIR WOMÖGLICH NICHT ZUR EUROPA-MEISTERSCHAFT NACH HOLLAND FAHREN, WOLLEN DIE DOCH VON MIR GAR NICHTS WISSEN ....
FICKEN?
NÖ!
BAYERN MÜNCHEN...
...UND DIESER WURSTKÖNIG HOENESS...
EINFACH RAUSGE-SCHMISSEN HABEN DIE MICH DAMALS!
ABER DENEN ZEIG' ICH'S!!
JAWOLLJA!
DENEN ZEIG' ICH, WIE MAN GEWINNT, MIT COURAGE, KAMPF, GEIST UND STIL...
BRÖSEL

GENAU! STIL!!
WAS WIR BRAUCHEN, IST EIN NEUES STILMITTEL!
DIE FRANZOSEN MACHEN 'NE VIERERABWEHR-KETTE, UND SCHON WERDEN SIE WELTMEISTER.
DA BRÄUCHTEN WIR ...
W.C.
REI!
WENN DIE TRIKOTS HEUTE NOCH GEWASCHEN WERDEN SOLLEN, BRAUCHEN WIR REI IN DER TUBE!!
GENAU! DREI!! DREI STÜRMER BRAUCHEN WIR!
TIPP!
PLUMPS!
DIE DREIERANGRIFFSKETTE!!!
¡KICK!
KALONG!

SIR ERICH. DER WIEDERERFINDER DER DREIERANGRIFFSKETTE SAH SICH SCHON DAS RUHIGE LEBEN ALS FUSSBALLRENTNER FRISTEN, ALS ER KURZFRISTIG VOM DFB WIEDERBELEBT WURDE. NUN SCHLÄGT SEINE STUNDE! VOR JAHREN VOM KAISER UM DEN JOB DES BUNDESTRAINERS GEBRACHT, KANN ER NUN SEINEN TRAUM VOM DEUTSCHEN FUSSBALL VERWIRKLICHEN. ENDLICH JEMAND, DER LIFESTYLE, GEPFLEGTE UMGANGSFORMEN UND EIN ANGENEHMES ÄUSSERES IN DIE WELT DER KICKER TRÄGT! AUCH IST ER SICH NIE ZU SCHADE, WOHLTÄTIGKEITSBANKETTE ZU ERÖFFNEN, JUBILÄUMSSENDUNGEN ZU MODERIEREN UND DIE NATIONALMANNSCHAFT ZU BETREUEN. EIN FUSSBALLGENTLEMAN PAR EXCELLENCE!!

LODDA MATTHÄUS. DER EIGENTLICH SCHON ABGESCHRIEBENE REKORDNATIONALSPIELER BEWEIST WIEDER EINMAL, DASS MIT IHM IMMER ZU RECHNEN IST. (2006 IST ABER SCHLUSS!) DEN TIEFEN DES RAUMES ENTSTIEGEN GIBT ER DER ABWEHR SICHERHEIT UND STABILITÄT. ER IST DER HEIMLICHE CHEF DER NATIONALELF UND WIRD – JEDE WETTE – EINES TAGES BUNDESTRAINER ANSTELLE DES BUNDESTRAINERS. OLD LODDA IST AUS ERFAHRUNG GUT UND HAT DIE BESTEN KONTAKTE ZUR DEUTSCHEN PRESSELANDSCHAFT.

OLIVER BIERHOFF. DIE ITALIENISCHE FÖNWELLE HÄLT SEINEN SCHÄDEL HIN, WO IMMER ES AUCH SEIN MUSS. SO IST DER KAPITÄN DER DEUTSCHEN MANNSCHAFT DAS NEUE KOPFBALLUNGEHEUER DER NATION UND WEISS AUCH IN DEN WERBEPAUSEN DEN SCHEITEL ZU ZIEHEN. SEIN BLENDENDWEISSES LÄCHELN BRINGT ALLEZEIT LIEBE UND ZUVERSICHT IN DIE HERZEN SEINER MITSPIELER (kotz! d. Setzer). SEIN GOLDEN GOAL GEGEN TSCHECHIEN MACHTE UNS 1996 ZUM EUROPAMEISTER!

OLIVER KAHN. VIEL IST GESCHRIEBEN WORDEN ÜBER DEN TORWART 1A DER NATIONALELF. MEIST BÖSWILLIGE VERLEUMDUNGEN UND ÜBLE UNTERSTELLUNGEN. OLLI IST EIN BRAVER, DEUTSCHER FAMILIENMENSCH, DEM MAN VON DAHER DOCH NICHT VORWERFEN KANN, DASS ER GEGENSPIELER BEISST. AUCH SEINE EIGENWILLIGE ART, MIT DEN MITSPIELERN ZU REDEN ("LAUF, DU SAU!") KANN NICHT DARÜBER HINWEGTÄUSCHEN, DASS WIR'S BEI IHM MIT EINEM LIEBENSWERTEN KERL ZU TUN HABEN.

MARIO BASLER. HUCH! WAS MACHT DER DENN HIER ?!? DER SPIELT DOCH SCHON LANGE NICHT MEHR IN DER NATIONALMANNSCHAFT. ABER WEGZUDENKEN IST ER AUCH NICHT. KEINE WOCHE OHNE SUPER-MARIO IN DEN SCHLAGZEILEN. AUSSER "MEIN SCHÖNER GARTEN" AUF TM 3 HAT ER JEDE TV-SHOW BESUCHT, UND SO HAT ER'S AUCH GESCHAFFT, SICH HIER EINZUSCHMUGGELN. (DIE PROVISION KANNST DU AUF MEIN SCHWEIZER KONTO ÜBERWEISEN, MARIO! L. V. MATJESDORF, SNB, 04393-3589)

ULI "COLOUR BLIND" STIELIKE IST DER MANN DER VORSCHNELLEN WORTE, DES - SAGEN WIR MAL - UNGEWÖHNLICHEN OUTFITS UND DER AKKURATEN HÜTCHENFORMATION. SEINE LAUFWEGEPLÄNE SIND LEGENDÄR! STANDFEST SAGT ER JEDEM SEINE MEINUNG UND IST EIN LOYALER CO-TRAINER. ULI WIRD UNS EWIG ALS DER MANN IN ERINNERUNG BLEIBEN, DER 1986 IN SPANIEN DEN ELFMETER GEGEN FRANKREICH VERSCHOSS.

LOTHAR, SACH MAL, DIESE "DREIERANGRIFFSKETTE", DIE HATTEN WIR DOCH SCHON MAL, ODER? IST DAS NICH'N ALTER HUT ?!
ACH, MARCO...
ALLE...
FRISUR '99
NATÜRLICH HATTEN WIR SCHON EINE DREIERANGRIFFS-KETTE: ANNO '66, MIT SEELER, HELD UND EMMERICH. UND RATE MAL, WER DAMALS VOLL IM SAFT STAND ?!
ÄH... SIR ERICH ?
??
GUCK, JENS! DAS WÜRDE DIR STEH'N!!
FRISUR '99
SIEHSTE WOHL! NUN KENNST AUCH DU DAS "GEHEIMNIS" DER MYSTERIÖSEN DREIERANGRIFFSKETTE!
MEINST DU?
JA, MARKUS? "ALLE..." ???
NEIN, THOMAS!
10

LOS! LOS! LOS! LAUFEN! LAUFEN!! LAUFEN!!! UM DIE HÜTCHEN RUM!! DASS MIR HIER KEINER SCHLAPPMACHT! WEICHEIER KÖNNEN GLEICH WIEDER GEH'N! WER EIN HÜTCHEN UMWIRFT, MUSS NACHHER DIE NETZE ABBAU'N! JETZT ABER RAN AN...
WAS DER TRAINER EUCH DAMIT SAGEN MÖCHTE, IST, DASS WIR EUCH HERZLICH WILLKOMMEN HEISSEN!
...dnspck.
UND ICH MÖCHTE UNSER HEUTIGES TRAINING UNTER DAS MOTTO STELLEN: "LIEBE, FRIEDEN, ZUVERSICHT".
MEIN ULI!
IHR HABT GEHÖRT, WAS DER TEAMCHEF GESAGT HAT!
UND JETZT BE-WEGT EURE FAULEN ÄRSCHE!
IN 10 SEKUNDEN WILL ICH KEINEN MEHR SEHEN, DER NICHT SCHWITZT!!
PRESTO AVANTI!

WEISST DU, ULI, EIGENTLICH SIND WIR EIN GUTES TEAM!
RENNET!
REITET!
FLÜCHTET!
SCHRUBBEL!
DAFÜR...
UPS! SCHULLIGUNG! ICH...ÄH... DAFÜR MÜSSEN WIR ABER NOCH 'NE MENGE TUN.
WIE MEINST DU DAS, ULI?
NA, NEHMEN WIR DOCH MAL DEN SCHOLL DA. BEI JEDEM WEIBERROCK IST ER SCHNELL, ABER HIER KOMMT ER IMMER GANZ AUSGELAUGT AN.
?
NEIN, ULI, ICH MEINE: WIR BEIDE SIND EIN GUTES TEAM. DER GUTE UND DER BÖSE BULLE. WEISST DOCH, WIE IM FERNSEH'N.

DER EINE MACHT IHNEN FEUER...
...UND DER ANDERE VERTEILT STREICHELEIN-HEITEN.
ÄH... DARF ICH MAL WAS SAGEN?
BODE! MARCO!! STÜRMER BEI WERDER BREMEN!!
SPRICH, MEIN SOHN!
ICH HAB' DAS NACHGELESEN MIT 1966 UND DER DREIERANGRIFFSKETTE...
DIE WM 1966
SCHÖNS SCHERGEN
TRILLER!
...DIE HABEN ABER DAS FINALE DAMALS GEGEN ENGLAND VERLOREN!!
13

VERLOREN, ULI? DIE SIND DAMALS NICHT WELTMEISTER GEWORDEN??
ÄH...JA!
HM, DANN HABEN WIR EIN PROBLEM!
BODE! MARCO!! LAUFEN SOLL ER!!!
HMMM....
ICH HAB'S!!
SNIP!
?
PSCH...PSCH...PSCH...

VERSTEHST DU UNSEREN TEAMCHEF, LOTHAR?
...MEINEN...
?!
KNARZ!
WART'S MAL AB, MARCO! BALD BIN ICH RICHTIGER TEAMCHEF, UND DANN WIRD ALLES GUT!
KLAPP!
"RICHTIGER" TEAMCHEF?
WAS SOLL DAS HEISSEN, LOTHAR?
NA, EINER, DER DEN RICHTIGEN WERDEGANG HAT. SO WIE UNSER GROSSMEISTER KAISER FRANZ!
MAN MUSS REKORDNATIONALSPIELER SEIN, BEI BAYERN GESPIELT HABEN, UND GANZ WICHTIG: MAN MUSS EINE WESENTLICH JÜNGERE FREUNDIN HABEN!
NUR SO KANN MAN EIN "RICHTIGER" TEAMCHEF WERDEN UND ERFOLG HABEN.
JA, MARKUS? "ALLE MEINEN..."?

HÄTTSTE DAS GEDACHT?
REKORDNATIONAL-SPIELER.... PUUUUHHH!!
MEINT IHR, MEINE FREUNDIN IST ZU ALT?
"ALLE MEINEN" WAS??
"WIMMER"
SOOO...WO WAR ICH STEHEN GEBLIEBEN?
FRANZ BECKENBAUER SO WERDE ICH TEAMCHEF
"UND DIE GRUNDGEBÜHR IST AUCH SCHON DRIN!"
AHA, HIER:
?
"DER ANGEHENDE TEAMCHEF MUSS SICH AUCH MIT DEM EXOTISCHEN FUSSBALL AUSEINANDER SETZEN..."
"...ANZURATEN WÄREN AUSLANDSAUFENTHALTE ALS SPIELER IN BURKINA FASO, NEPAL, DEN FIDSCHI-INSELN ODER DER SCHWEIZ!!"
"ICH HABE MICH DAMALS FÜR AMERIKA ENTSCHIEDEN!"
!
SO WERDE ICH TEAMCHEF
AMERIKA....

WENIG SPÄTER, BEI ERICH UND ULI ZU HAUS'...
BIST DU NICHT BEGEISTERT VON MEINER IDEE, ULI ?
ICH MEINE, WIR SPIELEN GEGEN MOLDAWIEN! DAS IST EIN BISSCHEN WIE GEGEN DAS SAARLAND SPIELEN ...
SCHAU, UND GEGEN DAS SAARLAND HABEN SIE SO 1954 3:1 GEWONNEN – UND SIND SPÄTER WELTMEISTER GEWORDEN!!
LASS UNS DIE VIERERANGRIFFSKETTE SPIELEN, ULI! DA ERINNERT SICH AUCH KAUM NOCH EINER, WO DIE HER IST.
ABER DAS SYSTEM IST DOCH TOTAL VERSTAUBT!
DAS IST HIER EINDEUTIG EXTRA-TERRESTRISCH, SCULLY!
A PROPOS ... DU KÖNNTEST RUHIG MAL WIEDER STAUB-WISCHEN, ULI!

WIR WERDEN ALSO MORGEN MIT DER VIERERANGRIFFSKETTE GEGEN DIE...ÄH... MOLDAWIANER SPIELEN.
DFB
UND SOMIT SPIELEN... AUGENBLICK:...LINKSAUSSEN BERNI KLODT...
FALSCHER ZETTEL, ULI!
ALSO, GEGEN DIE MOLDAWIANISTEN: LINKSAUSSEN: MARCO BODE, LINKER LÄUFER: OLIVER BIERHOFF, RECHTER LÄUFER: ULF KIRSTEN, RECHTSAUSSEN: OLIVER NEUVILLE...
KALING!
KALONG!

EIN WENIG SPÄTER ...
WAS SOLL DAS DENN WERDEN, LOTHAR?
¿ GRUMMEL! ¿
MEIN LOOK, SIR ERICH?
ICH WECHSEL' ZUR WINTERPAUSE DEN VEREIN. UND DA MUSS ICH MICH DOCH LAND UND LEUTEN ANPASSEN, ODER?
UND NUN RATEN SIE MAL, WO ICH HINGEH'! NA?
HM?
LOS, RATEN SIE!
BITTE BITTE!
ZU DEN KARL-MAY-FESTSPIELEN NACH BAD SEGEBERG!
!
DEM GERUCH NACH GEHT ER ZU DEN PAMPAS-GAUCHOS IN ARGENTINIEN...
DAS ERINNERT MICH AN UNS'RE SPÜLSTEINE - HAST DU NEUE GEKAUFT?

JODELDI-DIDUDELDÖ!
HELLO ?!
SWUTSCH!
ACH, SCHATZI ... JA...ÄH...NEIN...
NEIN, SCHATZI, ICH BIN NICHT NUR MIT DIR ZUSAMMEN, WEIL DEIN VATER UNSER VEREINSARZT IST.
HAST DU DIE URINPROBE SCHON ABGEGEBEN?
WAS SAGT DEIN VATER ZU DEN BLUTWERTEN?
OKAY!
SACH MAL, WAREN DIE BLAUEN PILLEN JETZT GEGEN GICHT ODER GEGEN PROSTATAERWEITERUNG?
NATÜRLICH NEHM' ICH DICH MIT NACH AMERIKA ... JA!
TSCHÜSS, SCHATZI!
TOLLES GERÄT!
UND DIE GRUNDGEBÜHR...
...IST AUCH SCHON DRIN!
MEIN SPRUCH!
20

Matthäus im fünften Frühling

Blendendes 6:1 (3:0) gegen Moldawien - Sir Erich präsentierte Viererangriffskette

Mit gnadenloser Offensivtaktik, einem unermüdlichen Lothar Matthäus und einem treffsicheren Oliver Bierhoff erreichte die deutsche Fußball-Nationalmannschaft gegen sichtlich überforderte Moldawinesen einen auch in der Höhe verdienten 6:1-Erfolg. 21.000 Zuschauer in der ausverkauften Aspirinarena waren begeistert.

Leverkusen (m/sp) Obwohl der moldawistische Trainer Ivan Daniliants mit einer Fünferabwehrkette auf den deutschen Offensivgeist reagierte, konnte Oliver "Golden Goal" Bierhoff bereits in der 2. Spielminute nach Vorarbeit von Kirsten einfönwellen. Danach ging dem Team von Erich Ribbeck für kurze Zeit die Linie verloren, ehe Rekordnationalspieler Lothar Matthäus das Zepter an sich riss und wie weiland in den Achtzigern Regie führte. Zwei weitere Tore in der ersten Halbzeit (Kirsten, 27.,und Bode, 38. Minute) entschieden das Spiel schon früh. Doch mit der Einwechslung von Mehmet Scholl für den eher defensiven Jeremies zeigte sich das Trainergespann Ribbeck-Stielike unersättlich. So folgten weitere Tore von Bierhoff (56., 82.), Scholl (71.) sowie der Ehrentreffer für die Moldauer durch Sischin (76.).

Trotz des hohen Siegs bleibt anzumerken, daß nach der Auswechslung des Lothars die Moldawinskis zu mehreren hochkarätigen Torchancen kamen. "Gegen die Nr. 100 der FIFA-Weltrangliste sollte man ein Spiel auch 90 Minuten kontrollieren können", fachschwätzte der Netzers Günter. Und der Kaiser hochselbst ärgerte sich: "Ja, ist denn heut´ scho´ Weihnachten? Bei uns Bayern gäb´s des net."

Teamchef Erich Ribbeck ließ sich seinen Triumph dadurch nicht vermiesen, war aber aufgrund einer akuten Lachshäppchen-Überspeisung kaum ansprechbar. Lediglich die Frage nach seinem Offensivsystem entlockte ihm ein Lächeln: "Ich denke, ohne die Viererangriffskette ist moderner Fußball heutzutage nicht mehr denkbar. Das haben meine Jungs toll umgesetzt."

Nach der Niederlage im ersten Qualifikationsspiel gegen die Türkei müssen Ribbecks Racker dennoch die restlichen drei Spiele gewinnen, um sicher zur Europameisterschaft nach Holland und Belgien zu fahren.

Foto: love me tender

Lothar Matthäus sprach viel mit den Mitspielern, aber nicht alles kam an.

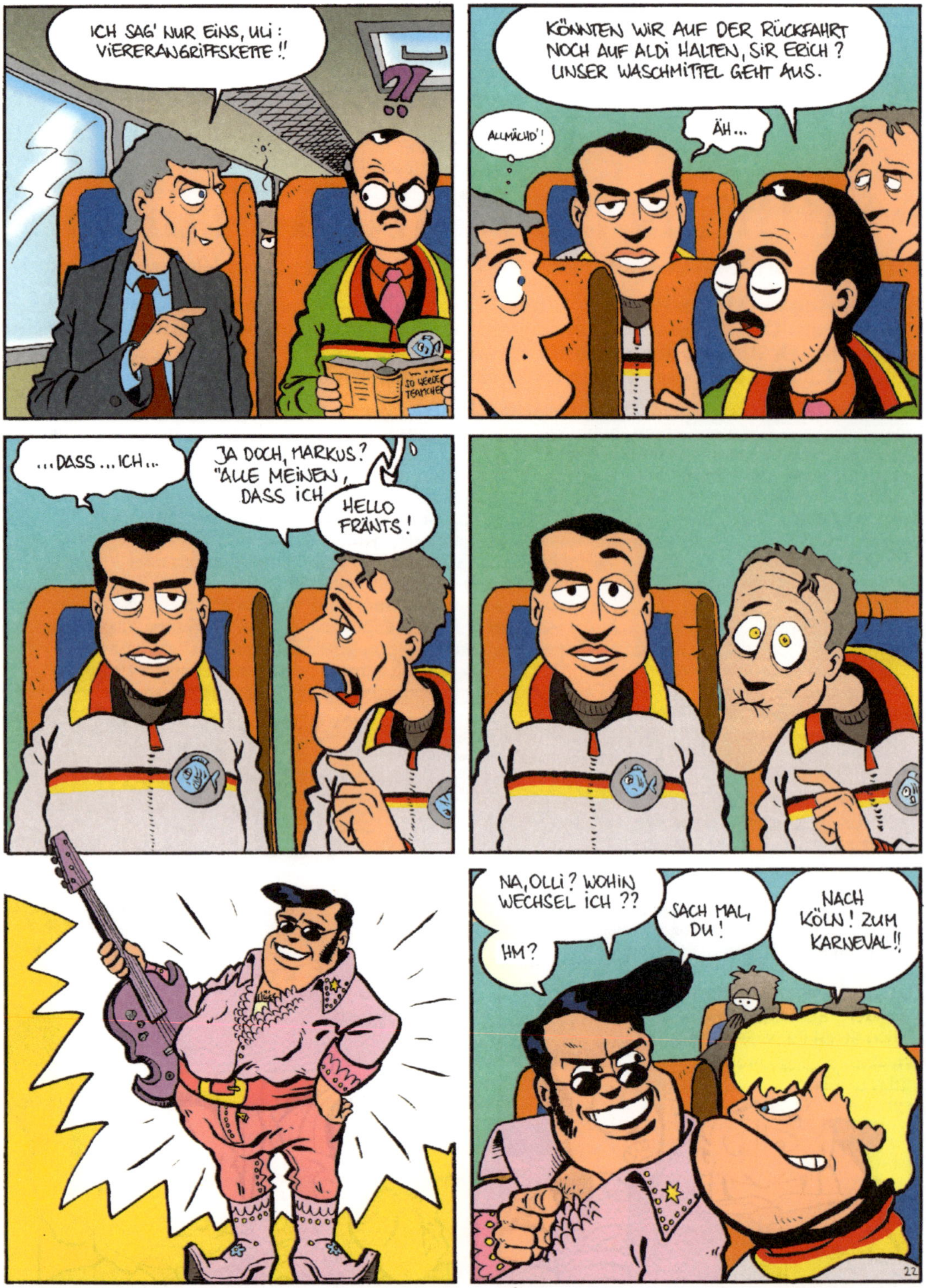
ICH SAG' NUR EINS, ULI: VIERERANGRIFFSKETTE !!
?!
SO WERDE TEAMCHEF
KÖNNTEN WIR AUF DER RÜCKFAHRT NOCH AUF ALDI HALTEN, SIR ERICH? UNSER WASCHMITTEL GEHT AUS.
ALLMÄCHD'!
ÄH...
...DASS ... ICH ...
JA DOCH, MARKUS? "ALLE MEINEN, DASS ICH
HELLO FRÄNTS!
NA, OLLI? WOHIN WECHSEL ICH ??
HM?
SACH MAL, DU!
NACH KÖLN! ZUM KARNEVAL!!
22

WAS LACHST DU DENN SO, MEHMET?
KICHER!
PRUST!
HIHIHIER SIND DIE SCHLAUESTEN SPRÜCHE AUFGEFÜHRT, DIE FUSSBALLER JEMALS LOSGELASSEN HABEN. DER HIER, ZUM BEISPIEL, VON LODDAA:
"ICH HAB' GLEICH GEMERKT, DAS IST EIN DRUCKSCHMERZ, WENN MAN DRAUFDRÜCKT."
HA? HAHA...
DAS TAT ABER AUCH WEH!!
ODER HIER, AUCH LODDA: "WIR SIND EINE GUT INTRIGIERTE GRUPPE!"
HAR! HAR!
DAS WAREN WIR AUCH!
GACKER!
HEY, DA STEHT JA AUCH WAS VON DIR!
WAS? WO??
"DIE SCHÖNSTEN TORE SIND DIEJENIGEN, BEI DENEN DER BALL SCHÖN FLACH OBEN REINGEHT."
HIHI!
HA! HA HAHA HO HEHE HiHi Hi HOHOHO BRÜLL! HOHO SCHENKEL-KLOPF! SICH WEG-SCHMEISS! HAHA
BLÖDES BUCH!!

HEY, VILLENEUVE! JÖRG! RATET MAL, WOHIN ICH IN DER WINTERPAUSE WECHSEL!
JA? MACHT MAL!
IHR!
DO!
DENN?
AUCH?
FLANKEN für ANFÄNGER:
Ball
Kopf
WARTET! ICH GEB' EUCH 'NEN TIP!
YESTADÄiii, OLL MEi DRABBLS SSiEM SSO FAR EWEiii...
SCHREDDEL!
AH!! LIF-ER-PUL N'EST-CE PAS?
24

LIVERPOOL ??
DU, OLLI ? WOLLEN WIR UNS NICHT WIEDER VERTRAGEN ??
QUID ?
MENTALE STARKE
DU BIST DOCH EIN GROSSER TORWART ! UND ICH KÖNNTE SO VIEL VON DIR LERNEN ODER DIR HELFEN.
DU KANNST MIR TATSÄCHLICH HELFEN, JENS ...

ICH HAB' HIER DIESES BUCH!
MENTALE STÄRKE
von James E. Loehr
EDITION EINSTEIN
DARIN SIND VER-SCHIEDENE ÜBUNGEN ZUR STEIGERUNG DER AGGRESSIVITÄT!
DOCH DAZU BRAUCHE ICH EINEN MENSCHEN, DEM ICH ABSOLUT VERTRAUEN KANN!
KLAR!
MACH ICH SOFORT!!
DA KANN ICH BESTIMMT AUCH WAS LERNEN VON!!!
DA, MEIN LIEBER JENS ..
...LERNST DU WAS FÜRS LEBEN VON...

LIVER-POOL?
!
HUHU, OLLI!
RIBBEC
RACKER
DFB
WAS WILLST DU HIER? AB IN DEINEN COMIC, KLAR?!
VERFRÄGGT KLAR, CHEF!
BIS...ÄH... BALD, CHEF.
WART' MAN AB, BIS DER ERST 'NE GESTEIGERTE AGGRESSIVITÄT HAT!
?
DFB
TOK TOK!

SUPER JUNGS!!!
BIS SEPTEMBER! SCHÖNEN URLAUB!!
UND WO MACHST DU URLAUB, ULI?
DIETER THOMAS HECK
VIEL REDEN - NIX SAGEN!
NA, WIE IMMER: SAUERLAND!

NANU ?
VIEL REDEN-NIX SAGEN!
SIR...
:schnauf!:
...SIR...ERICH...
:keuch!:
ULI ? DU HIER ??
AUF GRAN CANARIA ?
ICH DACHTE, DU WÄRST IM SAUERLAND!
:röchel!:
...SAUER- :schnauf!: ...
...SAUER-...NEIN...MEXIKO...
ACH, DU WARST IN MEXIKO.
WIE SCHÖN!

NEIN! WIR MÜSSEN NACH MEXIKO!!
?
SO!
SCHLIPS-ZURECHT-ZUTZEL!
MEXIKO...??
KLÖTER
MEXIKO!! ABER MEXIKO IST ZU DIESER JAHRESZEIT FURCHTBAR HEISS! UND SOOO STICKIG!!
?
UND... UND DANN...
...DIESE...
...DIESES...
..."MONTEZUMAS RACHE"...
ALSO... ICH WEISS NICHT.
WENN DU MICH SCHON ZUM URLAUB EIN-LADEN MÖCHTEST, WIE WÄR'S DANN MIT...
..ÄH...
DEM BERCHTES-GADENER LAND ?!

NEIN, NEIN, WIR MÜSSEN NACH MEXIKO, UND DORT ZUM "CONFEDERATIONS-CUP"!
CONFEDER-...WAS ??
WIR WERDEN NIE, NIE, NIE DIE WM 2006 BEKOMMEN, WENN WIR NICHT ZUM CONFEDERATIONS-CUP FAHREN!
ÄH... SAGT ZUMINDEST FRANZ BECKENBAUER.
GUT! DANN LASS UNS DA HINFAHREN !!
ALLERDINGS ... BRAUCHEN WIR NOCH 'NE MANNSCHAFT. UND DIE SIND ALLE SCHON IM URLAUB...
ACH WAS?!
NA, DU MACHST DAS SCHON, ULI!
31

UND SO, ETWAS SPÄTER ...
WO HAST DU DIE DENN HER, ULI ?
WAS ANDERES WAR NICHT DA !
UPS !
WOW !
DEX & DOGFORT "SHOWTIME !"
BECKER LISCHFRÄT
NEE, NEE, NICHT MAL LOTHAR IST MIT DABEI. KÖNNEN WIR NICHT ALS BURKINA FASO BEI DIESEM CUP ANTRETEN ??
SEHEN SIE'S MAL SO, SIR ERICH : MEXIKO IST WEIT WEG ! DA WERDEN DIE SPIELE NACHTS ÜBERTRAGEN.
MACHEN WIR SO WENIG AUFHEBENS WIE MÖGLICH DAVON, UND KAUM EINER WIRD MERKEN, DASS WIR DA WAREN.
NA, OB DAS KLAPPT, ULI ??
ZING !
32

TAGE SPÄTER AM FLUGHAFEN...
ULi, ULi, ICH WEISS NiCHT, WORAUF ICH MiCH DA EiNLASSE...
DAS LASSEN SIE MAL MEiNE SORGE SEiN!
ICH HAB' HIER ERZÄHLT, WIR WÄREN DER KEGELCLUB "ALLE ELFE" AUS BOTTROP UND WÜRDEN IN MEXiKO UNS'RE MANNSCHAFTSKASSE VERSAUFEN!
SO HAT DIE PRESSE GAR NiCHT SPiTZ GEKRiEGT, DASS WiR ZUM CONFEDERATIONSCUP FAHREN.
UND DU MEiNST, DIE ERKENNEN UNS NiCHT?
GUTE REiSE, HERR RiBBECK!
SiEHSTE! ICH HAB'S DOCH GESAGT!!
PSSST! DIE DENKT DOCH NUR, WiR FAHREN IN URLAUB.

EINMAL NJUJORK, BIDDE!
HEY! DAS IST DOCH LOTHAR! DEN KÖNNEN WIR JA MITNEHMEN!!
LOTHAR! DU HIER?
WER SIND SIE? LASSEN SIE MICH IN RUHE!
ICH BIN'S DOCH, DEIN GELIEBTER TEAMCHEF!!
SEHEN SIE, SIR ERICH, ES KLAPPT!!
SEI DU LIEBER RUHIG!
DU MUSST UNBEDINGT MITKOMMEN, LOTHAR! WIR FAHR'N NACH MEXIKO! WEISSTE NOCH, '86??
AH, TACOS, TEQUILA, SOMBREROS, ...
...UND MONTEZUMAS RACHE!!

...UND SO FUHR LOTHAR MIT. NACH MEXIKO.
ZUM CONFEDERATIONS-CUP.
UND SO VERLOR LOTHAR MIT. IN MEXIKO.
BEIM CONFEDERATIONS-CUP.
EINEM HISTORISCHEN 0:4 GEGEN DIE DRITTE AUSWAHL BRASILIENS FOLGTE ZWAR EIN 2:0 GEGEN NEUSEELAND. DOCH DANN VERLOR MAN ERNEUT GEGEN DIE FUSSBALLGROSSMACHT USA MIT 0:2. IN MEXIKO. BEIM CONFEDERATIONS-CUP.
UND SO WAREN SICH AUCH DIE EXPERTEN EINIG IN IHRER MEINUNG: "DIE REISE NACH MEXIKO ZUM CONFEDERATIONS-CUP WAR FÜR'N ..."

....
UND EXPERTE PAUL BREITNER BRACHTE ES AUF DEN PUNKT:
DA HÄTTEN WIR JA GLEICH DEN KEGELCLUB "ALLE ELFE" AUS BOTTROP NACH MEXIKO SCHICKEN KÖNNEN! DIE WÄREN AUCH NICHT SCHLECHTER GEWESEN...
JAJA, HAHA...
SO KANNST DU DAS NUN AUCH NICHT SAGEN, PAULE. IMMERHIN HAT'S FÜR JEDEN VON UNS NOCH WAS GEBRACHT: TACOS, TEQUILA, UND... ÄH, SAG MAL SCHNELL, ULI?!
MONTEZUMAS RACHE...
ZDF
36

?
ICH MUSS MAL...
JENS! WIR WOLLTEN IM URLAUB EIN WENIG AN DEINEM AGGRESSIONSPOTENTIAL ARBEITEN.
UND DANN SOWAS!
WIE FÜHLST DU DICH, JENS?
SCHLECHT!
SIEHST DU, DANN HEISST ES: ÜBEN! ÜBEN!! ÜBEN!!!
BIS DU ENDLICH AGGRESSIV WIRST!
AUA!
AUTSCH!!
ARGS!!!
POF!
PAF!
PIF!
37

UND AUCH ANDERE TRAINIEREN FLEISSIG IN DIESEM SOMMER. DIESE HIER ZUM BEISPIEL ÜBEN TAKTIK UND STRATEGIE.
WEISST DU, MARKUS, WEISST DU ...
... MIT DIR BIN ICH GERNE ZUSAMMEN. DU MACHST MICH WENIGSTENS NICHT NERVÖS.
DIDI ... ÄH
... BLÖD BIN.
?
"BLÖD BIN" ???

ACH JA! DER SATZ VON SEITE 22!!
PATSCH!
JA, MARKUS? "ALLE DENKEN, DASS ICH BLÖD BIN..."
UND WEITER?
?!
PLINKER!
ICH HOL' UNS MAL ZWEI WEISSBIAAAAAAAAA
FUCHTEL!
MARKUS, MARKUS, ICH BIN VERLETZT!
MARKUS!?

IRGENDWIE IST UNSERE MANN-SCHAFT JA BLASS!
UND WENN ICH MIR ANSCHAU', WER FÜR'S FINNLANDSPIEL ALLES AUSFÄLLT, DANN WERD' ICH IMMER BLASSER!
MIT RECHT, DEPP!
WIR BRÄUCHTEN MAL RICHTIGE KERLE!!
SPINAT
SIE WOLLEN DOCH NICHT...
...ETWA...
...MARIO BASLER???
MARIO! PRIMA KUMPEL!!
ACH WAS!
ICH REDE VON KERLEN!!
SO MACKER, RICHTIGE TYPEN.
TÄTOWIERT, ODER SO...
WC
OHA!
KAUFT DEN TÖFTING! MORDS-TATTOO!

BIN ICH DA SCHON DRIN ODER WAS?
DEPARTURE
FLYDOWN AIRLINE
BEI HINNEKS HAHN! DER LODDA!!
CHRISTIAN?
CHRISTIAN ZIEGE! WAS MACHST DU DENN HIER?
?
LOTHAR, DU BIST'S!
DU, ICH HAB' JA JETZT DEN VEREIN GEWECHSELT.
BIN VON MAILAND ZUM FC MIDDLES-BROUGH.
HAB' NUR NOCH EIN PAAR KLA-MOTTEN HIER ABGEHOLT.
MITTELSBURG? KENN ICH NICHT!

NA, JEDENFALLS WECHSEL' ICH AUCH IM WINTER !!
RAT' DOCH MAL, WO ICH HINGEH' !
DO, SACH MA!
!
KLICK!
AH, NACH AUSTRALIEN ! WIE ... INTERESSANT !!
AUSTRALIEN ?!
ÄH, NEIN.
NEIN, ICH GEHE NACH AMERIKA!
ACH! UND WARUM FÄHRST DU JETZT NACH LONDON?
LONDON ?!?
?!

ABER MAL WAS ANDERES:
DU WEISST DOCH NOCH, DASS ICH SO PROBLEME MIT MEINER HAUT HATTE ...
SIE IST JA SO SANFT...
NICHT!
UND JETZT HAST DU EIN MITTEL DAGEGEN GEFUNDEN, IN MITTELSBURG?
DAS NICHT. ABER ICH LASS MIR DAS JETZT ÜBERTÄTOWIEREN.
DANN SIEHT MAN'S WENIGSTENS NICHT.
HIER KOMMT'N BRUCE LEE HIN!
RESPEKT!

TJA, RESPEKT… DEN HABEN RIBBECKS RACKER BEIM CONFEDERATIONS-CUP KRÄFTIG VERSPIELT. UND SO SCHEINT DER NÄCHSTE GEGNER FINNLAND EIN ÜBERMÄCHTIGER ZU WERDEN. UND SIR ERICHS SORGEN WERDEN NICHT KLEINER AUF DEM WEG ZUR EM UND ZU SEINEM EIGENTLICHEN ZIEL, DEM CHEFSESSEL BEIM FC BAYERN MÜNCHEN…
ICH GLAUB', UMHAU'N!
WAS SOLL'N WIR MIT DEN DINGERN MACHEN ?
EIM LODDA FROMM BAYRIA !
ISCH GLAUBEN, ISCH MÜSSEN NOCH VERBESSERN MEIN DEUTSCH…

MONTEZUMA
DU HAST NOCH NICHT GENUG BISS, JENS!
made in mexico
GRRRRRRRRRRRRRRRRR
KERLE...
RICHTIGE KERLE BRAUCHEN WIR...
MÄCHD'!

JU NO, EI HEF TREFFT MEI FRÄND CHRISTIAN ÄH ... GOAT !
GOAT ! ZIEGE !! ANDERSTAND ?
ATOMSTROM – NEIN DANKE!
IST GELB
KERLE...
HI HÄF NAU Ä TÄTOWIERUNG !
?
BRUCE LEE, HOAST MI ?
BRUCE LEE ???
!
TÄTOWIERTE KERLE !!
DFB
GENAU LEIK MEI FRÄND MEHMET SCHOLL. HIES OLL-WEIS TÄTOWIERT !!
BRUCE LEE!
Warum vertauscht ein Spie
gel rechts und links
aber nicht
oben und unte
SLURP!

HIER, ULI! DIE LÄDST DU ALLE MAL ZUM NÄCHSTEN LÄNDERSPIEL EIN!!
JEVER
LECKER FISCHBRÄT
UND DIE SOLL ICH WIRKLICH EINLADEN??
NATÜRLICH!
ICH MEIN', CHRISTIAN ZIEGE UND MEHMET SCHOLL SIND JA OKAY, ABER...
ZU HÜLFE!
...BRUCE LEE???

TSCHAKKA!
HÄRTER!
POF!
WENIG SPÄTER IN HEIMISCHER ATMOSPHÄRE...
POF!
TSCHUKKA!
IRGENDWIE LIEGT DIE AUFSTELLUNG GEGEN FINNLAND UND NORD-IRLAND FÜR MICH NOCH VÖLLIG IM NEBEL...
DA MÜSSEN WIR HALT HART ZUSCHLAGEN!!
PÖFLE!
JA :HUST!: NICHT NUR DAS... :röchel!: ...WIR MÜSSEN UNS :keuch!: AUCH WARM ANZIEH'N.
:KOFF!:
IMMERHIN LIEGT FINNLAND HOCH IM NORDEN, UND WIR HABEN SCHON SEPTEMBER...
HUST!

ALSO, DIESE EM-QUALIFIKATION NIMMT MICH SCHON GANZ SCHÖN MIT. ICH KANN KAUM NOCH SCHLAFEN.
WARTEN SIE, SIR ERICH, DA HAB' ICH WAS FÜR SIE!
HIER! BEI **DER** LEKTÜRE SCHLAFEN SIE GARANTIERT TIEF UND FEST.
ACH, ULI, WAS WÜRDE ICH BLOSS OHNE DICH MACHEN...
Schneewittchen und die sieben Zwerge
B. VOGTS Schuld und Sühne
R. Bonhof Der Idiot

Schneeribbchen
und die
elf Zwerge
SAGT ER'S?

Es war einmal vor langer, langer Zeit ein holdes Schneeribbchen, deren Haar war so weiss wie Schnee...
...die Zunge rot wie die Trikots von Bayern München...
...und die Haut braun wie Kiefer...
...mit einem Tick ins Ebereschige...
Schneeribbchen war nicht schlecht als Trainer, aber Koenigin Hoeness meinte in ihrem Spiegel gesehen zu haben, dass es bessere gab, und so ...
...SOLL ICH DICH JETZT ABSCHIESSEN!
OOOH, WEH MIR!
RIBB RACK
ABER ICH WILL DICH GEHEN LASSEN! WENN DU DICH HIER LINKS HÄLTST, KOMMST DU NACH TENERIFFA – UND WIR SEH'N UNS NIE WIEDER!!
BECKEN BAUER
GRAN CANARIA
DFB
!
BECKEN BAUER
GRAN CANARIA
DFB

Und so kam Schneeribbchen zu dem Haus der elf Zwerge hinter den elf Bergen...
!!
Und da es recht sieges-hungrig war und des Nichts-tuns überdrüssig, trat es ein...
POC! POC!
...überprüfte die Stollenschühchen...
...änderte Sponsoren-verträgchen ...
...vernichtete Haar-pflegemittelchen...
...und rief ein vernünftiges Catering-Servicechen an...
LACHSSCHNITTCHEN UND NORDSEE-KRÄBBCHEN, JA?
Dann aber wurde unser Schneeribbchen müde...
ACH, WAS BIN ICH MÜDE!
LODDI
SCHNARCHI
Sag ich doch.
52

HEIHO, HEIHO, DIE SCHLAGEN WIR AUCH SO . . . . .
Und so bekommt es gar nicht mit, wie die elf Nationalzwerge nach Hause kommen.
NANU?
NANU?
NANU?

WER HAT MEIN STOLLENSCHÜHCHEN ÜBERPRÜFT ?
DFB
WER HAT MEIN SPONSORENVERTRÄGCHEN GEÄNDERT ??
CONSORS
WER HAT MEIN HAARPFLEGEMITTELCHEN VERNICHTET ???
UND WER mampf! HAT DAS CATERING-SERVICE-CHEN GEWECHSELT ?
ABER NICHT SCHLECHT!

CHRRR!
HEY!
SCHNARCHI
WER LÄSST SICH IN MEIN BETTCHEN FALLEN ??
SCHNEERIBBCHEN ??
DIE ELF NATIONAL-ZWERGE !!
SCHNARCHI
55

ALSO GUT, JUNGS! ICH BIN JETZT HIER, UND ICH WÜRD' MAL SAGEN, MACHEN WIR DAS BESTE DRAUS!
?!
IHR GEHT DA RAUS UND LIEFERT GUTE UND EHRLICHE ARBEIT AB ...
...UND ICH...
...ICH... ÄH...
?!
DU SORGST HIER FÜR ORDNUNG!
ZWICK!
ICH SORG' HIER FÜR ORDNUNG!
GENAU!
UND ALS ERSTES BESORG' ICH UNS EIN HAUSHALTSHILFCHEN!
DÜT! DOT! DIT! DOT!

Die nächsten Jahre hätten in Ruhe und Harmonie verlaufen können...
TSCHÜHÜSS...
SAG IHNEN, DASS SIE SPÜLMITTEL MITBRINGEN SOLLEN!
HOPF!
ZU SPÄT!
ABER DU KANNST JA DEN GETRENNTEN MÜLL VOR DEN WALD BRINGEN UND DANN NOCH MAL ZU SCHLECKER, HAUSHALTSHILFCHEN.
"HAUSHALTSHILFCHEN" – EIN ZU BLÖDER POSTEN!
...wenn nicht, ganz in der Nähe, im grooossen Bayern-Schloss, das Schicksal anderes beschlossen hätte...
"BÖSE WURST-KÖNIGIN"...
EIN ZU BLÖDER POSTEN!

NA GUT! ALSO: SPIEGLEIN, SPIEGLEIN AN DER WAND ...
...WER IST DER BESTE COACH IM GANZEN LAND?
ALSO, TJAA, MOIN ERSMA', NAJA, DA GIBT'S DEN HITZFELD, ABER AUCH DIESEN DAUM-DOLLER TYP! ODER REHHAGEL, DER IS' AUCH NICHT SCHLECHT. UND... ÄH...HM, JA, SCHNEERIBBCHEN, HINTER DEN ELF BERGEN, BEI DEN ELF NATIONALZWERGEN...
UND 'SCHÜSS!
SCHNEERIBBCHEN??? DAS WILL ICH HIER NIE WIEDER SEH'N! NIEMALS NIE!! NICH' DAS MIR!!!
STOMP! STOMP! STOMP!
ICH DACHTE, SCHNEERIBBCHEN WÄRE LÄNGST "OUT OF ORDER".
ICH MUSS WAS TUN!!

Und die garstige Wurstkönigin liess ihren Worten Taten folgen...
?
?
JUHUUU, SCHNEE-RIBBCHEN...
JAHAAA...
MAGST'N FINNISCHEN BONSCHER, KIND? ECHT KRÄUTERZUCKER!
Colera
KRÄUTERZUCKER
OH, JA DANKE, ALTES, HÄSSLICHES HUTZELWEIBCHEN.
HAR! HAR!
SSSSSSSSSSSST
BUMM!
Kurze Zeit später kamen die National-zwerge nach Hause...
SCHNEERIBBCHEN?
SCHLÄFST DU SCHOON WIEDER?
ES HAT SICH VERSCHLUCKT!
DEM KANN MAN ABHELFEN!

OH! EIN SCHWEIZER KRÄUTERZUCKER!!
PTUiiiiiiii
SCHWEIZER?
MIR HAT MAN GESAGT...
...ES WÄR FINNISCH!
NA, DAS IST JA GERADE NOCH MAL GUT GEGANGEN!
* SCHUMI-DAUMEN
SO, SPIEGLEIN, WER IST NUN DER BESTE COACH IM LAND??
MANN, ULI, ALTE MÜTZ', DAS WEISST DU DOCH SCHON ALLES. IMMER NOCH DIE-SELBEN: HITZFELD, DAUM, REHHAGEL ...
stöhn!
HAR! HAR!
REIB!
...UND SCHNEERIBBCHEN, HINTER DEN ELF BERGEN, BEI DEN ELF NATIONALZWERGEN!
OH NEIN!
WARUM? WARUM ICH?
WARUM NICHT?

SCHNEERIBBCHEN...
OFFENSTEH!
HIER
AU!
OOOH, HAST DU DIR WEH GETAN? DAS GIBT EINE DICKE BEULE...
ABER WARTE!
HIER! EIN STÜCK BESTES NORDIRISCHES RINDFLEISCH! LEG' ES DIR AUF DIE STIRN, DAS KÜHLT...
VIELEN DANK, ALTES, HÄSSLICHES HUTZELWEIBCHEN!
PATSCH!
HAR! HAR! HAR!
POTSCH!

OH, MANN, SCHON WIEDER!
DARF ICH IHM DIESMAL IN DEN RÜCKEN TRETEN?
NICHT NÖTIG, ZWERG CHRISTIAN. HIER: BRITISCHES RINDFLEISCH!
IST ER WAHNSINNIG GEWORDEN?
OOCH...
WAS?
WIE BIN ICH?
WER?
SIEHT NICHT SO AUS. ALLES WIE IMMER!
DU KANNST FROH SEIN, DASS DU UNS HAST!!
Zur gleichen Zeit im Bayern-Schloss...
NA?
NA??
SIE NU' WIEDER...
NÖ!!
ALLES BEIM ALTEN!

SCHNEERIBBCHEN...
POLISH
WAS'N NUN SCHON WIEDER?
HAR! HAR!
HMMWP!
HIER! 'N DÖNER!!
SO! NU' MUSS ABER AUCH SCHLUSS SEIN!!
WUMP!
röchel!
TJA, NU' IS' SCHLUSS! TÜRKISCHER PUTENDÖNER, DA KANN MAN NIX MEHR MACHEN...
DARF ICH JETZT ZUTRETEN? DARF ICH JETZT ZUTRETEN?
WUÄÄÄH!

BUHUHUUU...
WAS IST DENN DAS FÜR'N LÄRM?
DA IST MAN EINMAL BEIM KAUFMANN...
RUHE!! WAS IST HIER LOS??
ACH, HAUSHALTSHILFCHEN! PUTENDÖNER!! SCHNEERIBBCHEN HAT PUTENDÖNER IM HALS. ES IST AUS!!
LASS MICH MAL MACHEN!
DA HILFT NUR EINS:
MUND-ZU-MUND-BEATMUNG!!
SNIF!
MND-F-MND-BTMG???
NEiiiN!!
KEINE MUND-ZU-MUND-BEATMUNG!!
EM 2000
HOLLAND/BELGIEN
und wenn es nicht verloren hat, coacht es noch heute...

UÄÄÄRKS!!
HEY!
ICH HAB' FINNISCHEN BONSCHER ÜBERLEBT, NORDIRISCHES STEAK UND TÜRKISCHEN ...
... ¿würg!¿ PUTEN-DÖNER.
WENN DAS KEIN ZEICHEN IST...
JETZT KANN MIR NICHTS MEHR PASSIEREN!!
GAR NICHTS!!
ULI!
UULLII!!
WAS'N LOS, SIR ERICH!
MUND-ZU-MUND-BEATMUNG!!!
HRGS!
Schneewittchen und die sieben Zwerge

ÄH...HEHE...
UNS KANN NICHTS MEHR PASSIEREN!
ICH HAB'S GETRÄUMT!
TOLLES BUCH !!!
UND, ULI:
KEINE MUND-ZU-MUND-BE-ATMUNG MEHR!
QUID?

JUNGS, ICH WEISS JETZT, WIE WIR DIE FINNEN BESIEGEN, AUF UNSEREM GROSSEN WEG NACH HOLLAND UND BELGIEN.
ICH SAGE NUR: KEINE GESCHENKE ANNEHMEN !!
Jever
WER DAS HIER NOCH LESEN KANN, MUSS LUTZ & VOLKER WAS SCHENKEN!
Pauli
WIR BRAUCHEN KEINE FINNISCHEN BONSCHER!!
ALLES ANDERE WIRD UNSER OLLI SCHON RICHTEN!
?
UND DU! DU STELLST DICH NIE WIEDER HINTER MEINEN RÜCKEN!!
ZIEGE

NA, JENS, SCHON AGGRESSIV GENUG?
HRRGG...
EDITION KUNST DER COM
JAAAAAARRRR!!
RATZ!
FATZ!
UPS!
WAS HIER GESCHIEHT, MÖCHTEN WIR AUS GRÜNDEN DES JUGENDSCHUTZES NICHT IM DETAIL ZEIGEN. NUR SO VIEL: HERR KAHN TRUG VIELE BISSWUNDEN DAVON, DIE OFFIZIELL ALS "SCHLEIMBEUTELFALTE IM SPRUNGGELENK" BEZEICHNET WURDEN...
... NUR WEIL ICH ...
WIEDER
TAATSANWÄLTEN!!! ALPHA VOR!
ALLE DENKEN, DU SEIST BLÖD, NUR WEIL DU???
JETZT GEHT'S LOS, JUNGS!!
68

Zur Halbzeit auf EM-Kurs

Zwei Bierhoff-Tore zum 2:0-Pausenstand

Helsinki (spo) Na, wer sagt´s denn?! Nach den katastrophalen Spielen beim Confederations-Cup in Mexiko zeigte die deutsche Fußball-Nationalmannschaft beim Qualifikationsspiel in Finnland einmal mehr, daß sie auch anders kann - wenn's mal um die Wurscht geht.

Bierhoff schenkt ein   Foto: Jussi Lainimääki

Bereits in der zweiten Minute konnte Kapitän Oliver Bierhoff nach einer Neuville-Flanke zum 1:0 abstauben. Das brachte das nötige Selbstbewußtsein, um in der Folge die finnische Elf, die ohne ihren Star Litmanen antreten mußten, ständig unter Druck zu setzen. Mehmet Scholl umkurvte seine Gegenspieler nach Belieben und setzte Oliver Neuville auf der rechten Außenbahn mehrfach gut in Szene, während Christian Ziege in der linken Spielhälfte die nötigen Akzente setzte.

Als in der 17. Minute Bierhoff mit einem fulminanten Volleyschuß aus bestimmt...na, sagen wir 13 Metern das 2:0 besorgte, war der Drops gelutscht. Kurz vor dem Pausenpfiff hätte Neuville nach Freistoß von Ziege beinahe noch das 3:0 erzielt, doch sein Schuß traf nur den Außenpfosten. Schade!

Auf der anderen Seite hatte Jens Lehmann kaum Arbeit. In der fünften Minute konnte er eine scharfe Hereingabe von Tainio abfangen, später prüfte nur Thomas Linke seinen Keeper mit einer verunglückten Kopfball-Rückgabe (37.).

Ohne Frage: So woll´n wir unsere Jungs sehen! Kämpfend, spielend, toreschießend, dem Finnen mal so richtig zeigen, wo die Schraubstollen hängen, ha! Jetzt noch zwei oder drei Törchen in Halbzeit zwei, und wir sind wieder eine Fußballgroßmacht, da sollen die Netzers und Beckenbauers mal gar nicht so rumtönen. Heiß sind sie, die Buben, und das mag der Finne bekanntlich nur in der Sauna. Weiter so!

Bierhoff friert ein
Foto: BoFrost International

Traurige Zitterpartie

Glückliches 2:1 gegen Finnland

Helsinki (spo) Haben Sie den Bericht über die erste Halbzeit gelesen? Vergessen Sie alle Lobeshymnen, die dort so voreilig angestimmt wurden. Der einem Europameister unwürdige Angsthasenfußball der letzten 30 Minuten gegen die keineswegs überragenden Finnen wirft den deutschen Fußball um Jahre zurück.

Nicht wieder zu erkennen waren die Mannen von Sir Erich als sie aus der Kabine kamen. Jegliche Sicherheit und Kreativität schienen vergessen, während die Finnen sich ihrer kämpferischen Qualitäten besannen. Dennoch konnte die deutsche Abwehr mit Glück und einem starken Jens Lehmann bis zur 62. Minute den Vorsprung retten. Dann jedoch erzielte Salli aus kurzer Distanz den Anschlußtreffer, nachdem Johannsen einen Wiss-Freistoß an den Pfosten gegrätscht hatte. In der Folge hatten die Finnen noch mehrere Chancen und machten mit ihrer robusten Spielweise enormen Druck, dem die deutsche Elf nur ängstliches Ballgeschiebe entgegensetzte. Warum sein Team keine zwei Halbzeiten guten Fußball spielen kann, ließ Sir Erich unkommentiert. Entspannt lächelte er in die Mikrofone: "Ich hatte zu keiner Zeit Bedenken. Ein Gefühl sagte mir, daß der Sieg nicht in Gefahr gerät. Nur die unterkühlte Spielweise meiner Racker in der zweiten Hälfte hat mir nicht so gut gefallen." Welches "Gefühl" ihm den Herzkaschper ersparte, weiß wohl nur sein WG-Kumpel Uli Stielike, der meinte: "Hauptsache nach Holland!" In dieser Form allerdings wird die Türkei nicht zu schlagen sein!

EGAL!
HAUPTSACHE GEWONNEN!
WIR HABEN DIE FINNEN GEPUTZT, JETZT PUTZEN WIR AUCH DIE NORDIREN, WAS ?!?
AH! INTERNET, ULI?
ÄH...JA...
SUCHST DU MAL WIEDER NACH DEN NEUESTEN HAUSHALTSTIPS ?
ÄÄÄH... NICHT GANZ...
...ICH STUDIERE MEHR SO DAS GASTGEBERLAND DER EUROPAMEISTERSCHAFT...
SO... SITTEN UND GEBRÄUCHE!
ACH WAS!?
AUF DER HOMEPAGE DES AMSTERDAMER "PINK PUSSI"-CLUBS?

NUN JA ...
TIPP! KICK! TIPP! KICK! TIPP!
...WIR SOLLTEN DOCH WISSEN, WOMIT DIE HOLLÄNDER UNS VON EINER GLORREICHEN TITELVERTEIDIGUNG ABLENKEN WOLLEN ......
KLÖTER!
RATTER!
DU HAST RECHT, ULI! DER HOLLÄNDER IST SCHLAU! SEIT JAHRZEHNTEN SCHON SCHAFFT ER ES, UNS DIESE KLEINEN ROTEN WASSERBÄLLCHEN ALS TOMATEN ZU VERKAUFEN.
TROTZDEM: JETZT KOMMT ERSTMAL NORDIRLAND!!!
ZUPF!

Ziege zauberte !

Lupenreiner Hattrick des Mittelsburgers beim 4:0 gegen Nordirland

Dortmund (spo) Es geht doch noch! In einem furiosen Sturmlauf überrollte die deutsche Fußball-Nationalmannschaft ein überfordertes nordirisches Team mit 4:0 - ein Sieg, der schon zur Halbzeit feststand und durchaus höher hätte ausfallen können. Mann des Tages war Christian Ziege, der sich als Führungspersönlichkeit zurückmeldete und das vom Ex-Bundesberti so oft bescheinigte Talent tatsächlich auch mal demonstrieren konnte.

Wie schon gegen Finnland brachte ein frühes Tor von Oliver Bierhoff Sicherheit ins deutsche Spiel (3. Minute). Mehmet Scholl hatte mit einem Freistoß nur das Tordreieck getroffen, den Abpraller bereitete Ziege maßgerecht für Abstauber-Olli vor. In der 16. Minute folgte das 2:0, als Neuville einen Paß von Matthäus bis zur Grundlinie dribbelte und Ziege seinen Rückpaß cool einschob. Das Tor des Tages entsprang einer sehenswerten Kombinaion: Doppelpaß zwischen Ziege und Scholl (per Hacke!), Doppelpaß Ziege mit Bierhoff, Volleyabnahme Ziege in die rechte untere Ecke. Da tobten 41.000 Dortmunder Zuschauer, und Christian Ziege zeigte der Welt sein neues Bruce-Lee-Tattoo - was den sonst so reservierten Erich Ribbeck zu einem lauten Freudensschrei inspirierte. Warum auch immer.

Nun, damit nicht genug: In der 45. Minute tanzte Scholl seine Gegenspieler ein weiteres Mal aus und passte zu Bode. Der Bremer traf den Ball nicht richtig, den Querschläger vollstreckt Ziege mit links - 4:0 zur Pause!

Anders als gegen die Finnen setzten uns're Jungs im zweiten Abschnitt noch einmal nach und hätten gut und gerne acht Tore schießen können. Doch es blieb beim standesgemäßen Vier-Tore-Vorsprung. Der Sieg wurde zusätzlich versüßt durch ein 1:1 der Türkei bei den Moldawinskis: Damit reicht dem deutschen Team im letzten Gruppenspiel ein Unentschieden.

So herrschte denn auch eitel Sonnenschein im deutschen Lager. Erich Ribbeck lobte seine Mannen und sagte: "Superspiel meiner Jungs! Jetzt wird uns wieder der nötige Prospekt entgegengebracht." Erneut sprach er von einem Gefühl, daß ihn ruhig habe schlafen lassen. Uli Stielike dagegen knurrte: "Meine Güte, was woll'n sie denn? Das war Nordirland, nicht Brasilien! Gegen die Türken wird das ganz anders zur Sache gehen."

Nur gut, daß die USA nicht zur Europameisterschaft wollen...

Foto: Hong Kong Pfui

Tattooman Ziege bejubelt seinen schönen Treffer zum 3:0.

MAG JA SEIN, DASS WIR NACH DIESEM SIEG SO GUT WIE QUALIFIZIERT SIND, ABER ...
WAS DENN ?!
DU HAST DOCH SELBST GESAGT, WIR SOLLTEN UNS SITTEN UND GEBRÄUCHEN DER HOLLÄNDER ANPASSEN !!
ABER MÜSSEN WIR DESHALB IN WOHN-WAGEN LEBEN ??
AUSSERDEM MÜSSEN WIR NOCH GEGEN DIE TÜRKEN SPIELEN .
DFB
ASBIRIN
BORSIGPLATZ
ICH WEISS! DESHALB GIBT'S HEUT'ABEND HAMMEL ...

Sack und Asche - war das knapp!

Glückliches 0:0 gegen starke Türken - Kahn der große Rückhalt

München (spo) Nervenkitzel im Olympiastadion. Vor 63.000 Zuschauern konnten Ribbecks Racker die von allen Seiten erwartete Qualifikation zur Fußball-Europameisterschaft 2000 in Holland und Belgien nur mit Kampf, Krampf, einer riesigen Portion Glück sowie einem beeindruckend haltenden Oliver Kahn schaffen. Die Türken stellten die sowohl spielerisch als auch taktisch überlegene Mannschaft.

Schon nach acht Minuten hätten die Türken mit 3:0 führen können. Doch ihre Unzulänglichkeit beim Torschuß und ein glänzender Kahn ließen die deutschen Fans noch einmal aufatmen. Auch in der Folgezeit zeichnete sich blankes Entsetzen auf den Gesichtern der deutschen Bank ab. Völlig hilflos wirkten Sir Erichs Mannen gegen eine Bosporus-Truppe, die aus eigener Kraft die EM-Qualifikation erzwingen wollte. Trotz guten Willens legten die deutschen Abwehrspieler eine Lethargie an den Tag, die man sonst nur von Markus Babbel kennt. Selbst Altmeister Lothar Matthäus mußte sich mehrfach von Sergen düpieren lassen; von einer offensiven Interpretation der Libero-Rolle konnte schon bald keine Rede mehr sein. Torlos ging es in die Pause. Doch wer eine Initialzündung mittels Ribbeckscher Standpauke erwartet hatte, mußte sich in der zweiten Hälfte eines Besseren belehren lassen. Kaum ein deutscher Spieler erreichte Normalform. Außer Kahn konnte lediglich Scholl die in ihn gesteckten Erwartungen erfüllen. Der gegen Nordirland noch so glänzende Ziege blieb bis zuletzt blaß, Oliver Bierhoff war überhaupt nicht zu sehen. Immerhin zeigte die deutsche Elf großen Kampfgeist, und als die Kraft der Türken nachließ sogar spielerische Ansätze (geglückte Querpässe etc.). Letztlich muß das Glücksschwein wohl auf der deutschen Bank gesessen haben: Es blieb beim 0:0, die Qualifikation ist geschafft!

Mehr Erleichterung als Freude war nach dieser erneuten Zitterpartie bei Teamchef Erich Ribbeck zu spüren: "Wir wußten ja, daß die Türken ein schwerer Gegner sein würden, aber daß die hier so frech werden, hätte ich nicht gedacht." Uli Stielike war zu keiner Stellungnahme bereit. Versunken saß er über ein Blatt Papier gebeugt und schien an der Spielanalyse zu feilen. Rekordnationalspieler Lothar Matthäus kündigte an, er werde so lange weiter spielen, bis Mannschaften wie die Türkei wieder zweistellig nach Hause geschickt würden. Na, dann servus!

Zum besten deutschen Spieler wurde Hansi Huber von der C-Jugend der SpVgg Unterhaching gewählt, der im Vorspiel gegen die F-Jugend von Inter Türkspor beim achtbaren 3:6 zwei Tore geschossen hatte.

JAJAJAJAJAJAJAJAJA JAJAJAJAJAJAJA!!
WIR HAMM'S GESCHAFFT!
WIR 'AMM'S GESCHAFFT!
...LANGSAM REDE.
JAPPA DAPPA DUUUU!!
HAMANN 18
ALLE HALTEN DICH FÜR BLÖD, NUR WEIL DU SO LANGSAM REDEST?!
DANN KOMM DOCH NACH ENGLAND! DA VERSTEHT DICH EH KEINER!!
!
TJA, UND ALLES, WAS DANN GESCHAH, IST MIT WENIGEN WORTEN ZU BESCHREIBEN:
HURRAA!
FREU!
HOLLAND, WIR KOMMEN!
SUPAA!
WÄHREND DER MITTELSTÜRMER NOCH AUF SEIN BIERHOFF,
IST SCHOLL SCHON VOLL,
UND HEINRICH LIEGT AM BODE.
ER BABBEL: DA WAR EIN HAMANN IN MEINER SUPPE!
DAS WILL KIRSTEN NICHT HÖREN UND SPRICHT:
"JEREMIES MACHST DU MIR DAS LOKAL.
DU KRIEGST NOWOTNY MEHR!"
UND DER LINKE DANEBEN LALLT:
"ICH FALL' NICHT UM. ICH LEHN' AN LEHMANN."
ER KANN NICHT MEHR STAHN, HAT VOLL EINEN IM KAHN.
UND WENN MAN NICHT AUFPASST, STRUNZ ER HIER HIN.
DAS WÄRE SEHR BEINLICH.
"NEUVILLE ICH HIER NICHT ALLES MACHEN.
ZIEGE HEN JETZT!" UND DOGAN SIE.
DAMIT WAREN ALLE AUS DEM SCHNEIDER.
(MATTHÄUS 47, 11)

AUS DEM SCHNEIDER? NOCH NICHT GANZ! WAS DEN WEITEREN WERDEGANG VON SIR ERICH BETRIFFT, WIRD SICH DAS ERST IN HOLLAND ZEIGEN, WENN ES GEGEN...
OOOH, WAS FÜR'NE FEIER GESTERN...
WENN ES GEGEN RUMÄNIEN GEHT.
RUM?!
ODER GEGEN DIE PORTUGIESER.
PORTUGIESER?!?
ODER GEGEN ENGLAND.
WENIGSTENS KEINE SCHNAPSSORTE...

GRRRRRRRRRRR!
god shave the queen...
ICH GEH' IN DAS LAND MIT DEM HÖCHSTEN GEBÄUDE DER WELT!!
MALAYSIA??
LOS JETZT! IHR MÜSST FÜR HOLLAND FIT WERDEN!!
WUSSTEST DU, DASS MAN BELGIEN AUCH GELBIEN NENNT? WEGEN SEINER GELBEN VERKEHRSZEICHEN.
ACH?!
2

tt, Jungens!!
UND WIR SOLLEN HIER WIRKLICH GRACHTEN AUSHEBEN ?!?
HARTES TRAINING! DREI STUNDEN RUDI CARELL NONSTOP...
FRIEDEN! GENAU! FRIEDLICHEN FUSSBALL MÜSSEN WIR SPIELEN!!

Fußballhelden bei rororo

Lutz Mathesdorf /
Volker Sponholz
Bertis Buben;
rororo 13882

Lutz Mathesdorf / Volker Sponholz
Bertis Buben, Auf nach Frankreich;
rororo 22218; DM 16,90

Lutz Mathesdorf /
Volker Sponholz
Sir Erichs Bundesliga-Report ´99;
rororo 22627; DM 16,90